EL DON DEL GOZO

Bendición de una criatura en el vientre materno

Arzobispo Joseph E. Kurtz y
Mons. J. Brian Bransfield

Our Sunday Visitor Publishing Division
Our Sunday Visitor, Inc.
Huntington, Indiana 46750

Publicado en 2013.

18 17 16 15 14 13 1 2 3 4 5 6 7 8 9

ISBN: 978-1-61278-740-4 (Inventario No. X1551)

Diseño interior y de portada: Amanda Falk

Arte de la portada:
Kissing the Face of God
© Morgan Weistling, por cortesía de The Greenwich Workshop, Inc.

Contenido

Prólogo

Helen Alvaré

Es casi seguro que no hay nada más emocionante y misterioso en el curso de nuestra vida humana que el proceso por el cual nuestro Creador entreteje dentro de una madre un ser humano totalmente nuevo, un ser humano *excepcional* que es enviado a esta mujer y este hombre para que lo amen y lo críen. Para los padres es un suceso muy privado —que impregna casi todos sus pensamientos desde el primer momento en que lo saben— y, a la vez, algo inevitablemente público.

Con frecuencia, el mundo toma el momento del embarazo como se toma el momento del compromiso: como una ocasión para urgir a la pareja a comprar todo lo imaginable que quieren y necesitan, o para advertir a la pareja que deben organizar todo su futuro, en cuanto a tiempo y dinero.

La Iglesia sabe, sin embargo, que no importa si su bebé tiene la cuna más elaborada o la más sencilla; ni siquiera importa si la madre y el padre han previsto y se han preparado para equilibrar su trabajo futuro y sus responsabilidades financieras. Lo primero y más importante es este hecho del don de una nuevo hijo o hija, lo que de por sí opaca cualquier regalo que una mujer pueda recibir en su baby shower. A través del milagroso diseño de Dios, el acto de amor de los padres les ofrece una nueva vida: una vida que conecta a la madre con el padre de una manera irremplazable, y que conecta a la familia de la madre con la del padre, y a los parientes de edad con los jóvenes, con una fuerza que los toma de sorpresa a todos, y que provoca otros dones de amor entre ellos. Aun quienes no son parientes —vecinos, feligreses, compañeros de trabajo y amigos— reciben un don de los nuevos padres: tener entre ellos la dulzura y la inocencia de un niño, un recordatorio de lo mucho que los humanos dependemos unos de otros, un "voto de confianza" de que el mundo es un lugar con futuro, y la transformación de un hombre y una mujer en un padre y una madre que, al cuidar de sus hijos, serán más cuidadosos con las comunidades y el planeta que todos compartimos. Los niños traen todo esto, ni más ni menos, a este mundo. Si esto parece una exageración, imaginen un mundo sin niños, o con muy pocos. ¡Qué expresión de fracaso y desesperanza sería eso!

Este folleto es un regalo para las parejas que esperan un hijo. Consiste en dedicar un momento, en medio de las emociones del embarazo, para dar gracias a Dios por el don de su hijo, para poner a su hijo bajo el cuidado amoroso de Dios y para recordar que su hijo es un regalo para el mundo.

"Kissing the Face of God"

Introducción

Una alegría extraordinaria

El abundante amor de Jesucristo es la fuente inagotable de toda vida. El primero y el fundamental de Sus dones es el don de la nueva vida cuando una madre concibe a una criatura. La presencia de una nueva vida en el vientre materno lleva gozo y esperanza únicos al núcleo de nuestras familias, nuestra Iglesia y nuestro mundo. Nunca es demasiado pronto para dar gracias por el don de una nueva vida y para pedirle al Señor Su bendición. El Rito de bendición de una criatura en el vientre materno es un momento especial para pedirle a Dios Su bendición y para ser testigos del milagro absoluto que es el don de una nueva vida.

Un don no tiene que *hacer* nada. La *sola presencia* de un regalo puede hacer que los ojos de un niño se abran el doble. El regalo, oculto bajo una fina capa de papel de envolver mientras el paquete misterioso descansa sobre una mesa en una fiesta de cumpleaños o bajo el arbolito la mañana de Navidad, *enciende algo* en el niño. El papel decorativo, atado con un lazo colorido, simplemente no basta para contener el agitado latido del corazón del niño. Sus ojos se abren más aún cuando el papel se rompe y cae, y puede alcanzar el regalo mismo.

SHUTTERSTOCK

Tal vez estamos más familiarizados con la costumbre tradicional de intercambiar regalos de Navidad y de cumpleaños. Sin embargo, para comprender el verdadero significado de un "don" o "regalo", tenemos que ir más allá. Con frecuencia, como es de costumbre, puede que dar regalos en Navidad o en un cumpleaños u otro aniversario especial sea de esperarse o se convierta en una especie de transacción. Sin embargo, el fenómeno de un regalo de cumpleaños o un presente de Navidad puede recordarnos el significado y la posibilidad más profundos que tiene un don o regalo verdadero.

Aún así, el significado de un don es más que un regalo. Un don verdadero es algo —o incluso *alguien*— que jamás hubiéramos esperado. Un don verdadero es generosidad pura y absoluta. No tiene precio; no puede ser controlado. Un don verdadero está más allá de nuestro poder y no puede ser confinado. No se pueden establecer condiciones para un don verdadero. Los dones dan gozo y felicidad. La felicidad de recibir un don llega al corazón y le da forma a nuestro espíritu. A medida que crecemos, puede que abramos los regalos con menor intensidad, pero nunca dejamos atrás nuestro amor por los regalos.

A Dios también le gusta regalar y dar dones. Mucho antes de que un niño pequeño *reciba* siquiera un regalo de cumpleaños o de Navidad, él o ella *son* un regalo incomparable e irrepetible. Un hijo no es un premio, trofeo o recompensa. Un hijo es un don. ¡Qué maravilla que el don sea una persona! Todos estamos —especialmente los padres— en completa receptividad y agradecimiento ante el piadoso don de Dios de la vida de una criatura en el vientre materno.

El don de la vida humana debe recibir siempre el mayor de los respetos.

El primero de todos los dones de Dios es el *don de la vida*. Están leyendo este libro porque Dios les ha concedido a ustedes, o a alguien cercano, el don de nueva vida. Cuando un hombre y una mujer se unen como esposo y esposa, se hacen mutuamente un regalo de amor. Este amor es como ningún otro. Es total: se entregan mutua y completamente. Dios ha decidido que el don de la vida, cuando emerge, debe hacerlo en el amor y a través del amor de la madre y el padre. Aun cuando un hombre y una mujer sin el beneficio del matrimonio puedan concebir una criatura, están llamados a reconocer su hijo como un don. La Iglesia está extremadamente deseosa de darles una bienvenida calurosa, acompañarlos con compasión y cuidarlos tiernamente durante su llamado a ser madre o padre. Dios les ha dado el don de la vida. Sin embargo, si observamos atentamente este misterioso don, de inmediato vemos un segundo don: En el mismo instante en que Dios creó a su hijo, Él también los ha creado a ustedes como madre y padre. Cristo se regocija con ustedes en este momento nuevo.

Shutterstock

Cristo, en y a través de Su Iglesia, quiere celebrar el don de vida que Dios les ha dado. Es posible que vayan a la iglesia semanalmente, o tal vez van mensualmente, o solo en Navidad y Pascua. Puede que estén alejados de la Iglesia y quizá no esperaban regresar a la Iglesia de ninguna manera. Sin importar lo que se interponga entre ustedes y Dios, entre ustedes y Su Iglesia, no vale la pena seguir alejados. Este es un momento nuevo, *un comienzo nuevo*, y Cristo los llama participar más plenamente en la vida de la Iglesia y en la práctica regular de su fe. El regalo ya se está abriendo. Nada puede detener ese regalo. El Señor Jesús nos dice: "Ahora todo lo hago nuevo" (Apocalipsis 21, 5). Su criatura, junto con Dios, les ha dado un don —y una *invitación*— y ha dado una bendición a su parroquia y la sociedad en general.

Jesús está tan feliz con el don de la vida, que Él les da una bendición especial para este don. El *Rito de bendición de una criatura en el vientre materno* fue aprobado en la Solemnidad de la Inmaculada Concepción, el 8 de diciembre de 2011, por la Congregación para el Culto Divino y la Disciplina de los Sacramentos en el Vaticano. El texto de la bendición en español recibió aprobación en marzo siguiente. La Conferencia de Obispos Católicos de los Estados Unidos promulgó que la bendición puede ser utilizada en todas las diócesis durante la Solemnidad de la Anunciación, el 26 de marzo de 2012.

Robert Young / Shutterstock.com

La intención es que esta bendición especial sea recibida en algún momento durante el embarazo. La madre solo tiene que dirigirse al párroco para solicitar información para organizar la bendición. La bendición puede realizarse durante la celebración de la Santa Misa o fuera de la Misa. De hecho, un grupo de madres y padres que esperan un hijo pueden recibir la bendición todos juntos a la vez. Aunque ha sido concebida como un momento público, la bendición puede realizarse con tantos o tan pocos participantes como se considere apropiado; incluso, solo entre una madre y el sacerdote. La bendición de la criatura en el vientre materno es, sobre todo, un momento pastoral: es la primera vez que la criatura es evangelizada y es un momento de nueva evangelización para padres, familiares y amigos. La bendición extiende con calidez el amor de Jesucristo, a medida que la familia se prepara para el nacimiento de un hijo. A la vez, este gesto sagrado puede servir para anunciar, llenos de esperanza, el maravilloso don de la vida humana y para animar a prepararse para el bautismo.

Este libro se compone de cuatro capítulos cortos. El primer capítulo guía a los padres para que comprendan la invitación a la vocación extraordinaria como madres y padres cristianos. El segundo capítulo explica la importancia del Rito de bendición de una criatura en el vientre materno. El tercer capítulo describe el papel de su parroquia en este momento. Finalmente, el cuarto capítulo se centra en la contribución que ustedes hacen a toda la sociedad como madres y padres. Al final de cada capítulo se encuentran varias preguntas cortas. Las preguntas sirven tanto para la reflexión personal como para comentar en grupo, según lo prefieran.

Dios se está moviendo en su vida de manera notable. Él les está ofreciendo una invitación y una bendición. En Su gran plan, Él también le hace esta invitación a su parroquia y a su sociedad. Analicemos primero la invitación.

NOTA ESPECIAL: Algunos lectores tal vez han experimentado el profundo dolor de perder una criatura antes de nacer. Tal vez algunos de ustedes también han sentido el dolor de la infertilidad o conocen a personas que esperan concebir y ser padres pero tienen dificultades para lograrlo. Jesús quiere llegar a ustedes, consciente del singular e íntimo sufrimiento que traen estas experiencias. La Iglesia está agradecida con los profesionales de la medicina que procuran asistir a los esposos en maneras que respeten el don de la vida y la dignidad del amor conyugal. Para quienes han perdido un hijo o siguen teniendo dificultades para concebir, que el Señor les conceda Su consuelo y esperanza. En medio de su sufrimiento, vivido en esperanza cristiana, ustedes siguen siendo poderosos testigos del don y la santidad de la nueva vida. Que su testimonio lleve a los demás a reverenciar ese don. Otro momento doloroso y difícil es cuando el padre de la criatura no desea o no puede aceptar la responsabilidad por el bienestar espiritual de su hijo. En tales circunstancias, el amor heroico de la madre soltera se convierte en un don especial para su hijo.

SHUTTERSTOCK

Capítulo Uno

La invitación

Su hijo es una creación nueva. La primera noticia de una nueva vida es un instante de incalculable asombro y admiración. Lo primero que hizo la Santísima Virgen María cuando supo que iba a ser la Madre de Dios y que llevaba al Señor en su vientre, fue compartir esta buena noticia con su pariente, Santa Isabel. El Evangelio nos dice que María fue "sin más demora" a contarle a Isabel (vea Lucas 1, 39). La misma Isabel estaba embarazada de San Juan Bautista. De hecho, la alegría de Isabel con la noticia de María fue tan intensa y profunda que Juan Bautista *dio saltos* en el vientre de Isabel. Cuando Isabel oyó el saludo de María, el niño "saltó de alegría" en su vientre (Lucas 1, 41-44). De manera similar y sin dudarlo, ustedes han sentido la profunda admiración y el intenso asombro ante la presencia de Dios obrando en el misterio de una nueva vida humana.

A menudo no le dedicamos tiempo suficiente a maravillarnos. La admiración rápidamente se convierte en un frenesí de innumerables tareas y mucha actividad, e incluso ansiedad para las parejas que se preparan para el nacimiento de un hijo. Por supuesto, hay muchas cosas importantes que una pareja debe *hacer* cuando saben que están esperando un hijo. Las prioridades cambian rápidamente. De hecho, la noticia de llevar una criatura en el vientre puede a menudo ser un momento de gran preocupación y atención, en que la madre y el padre hacen todo lo posible para cuidar de la nueva vida humana y prepararse para un parto saludable y seguro. Nunca debemos descuidar o retrasar estas importantes tareas. Pero las madres y padres que esperan un hijo están invitados a algo más que solo *hacer*. El período de espera es una *oportunidad*. La invitación es, mientras realizan todas las actividades cruciales y vitales asociadas con la preparación para el nacimiento, a dejar que la admiración y la maravilla sean el centro y el catalizador de todo lo demás que deben hacer. De otra manera, el apuro, el estrés y la ansiedad comenzarán a absorberlos.

Shutterstock

Sin duda, el momento *más ocupado* de una madre y un padre será durante el embarazo y cuando nazca su hijo. También estarán en su *mejor* momento. El Rito de bendición de una criatura en el vientre materno ayuda a profundizar el misterio del don y la belleza de la nueva vida. Su hijo es una invitación viviente a mantener siempre este don como el centro de todo lo que hacen durante y después del embarazo.

En nuestra cultura realmente necesitamos oír el mensaje cálido y hermoso del Rito de bendición de una criatura en el vientre materno. Pasamos gran parte del día *ganándonos* la vida. Es noble *ganarse* la vida. Un espíritu trabajador nos impulsa a hacer contribuciones positivas a la sociedad cuando estudiamos bien, trabajamos duro y nos ganamos la vida. Sin embargo, es fácil que incluso este estilo de vida ocupado y productivo, tan importante en el lugar de trabajo, afecte nuestra relación con familiares y amigos. Podemos comenzar a manejar nuestra familia como si fuera un negocio. Como es muy común hoy en día, la mentalidad general contemporánea es que esperemos beneficios y retribuciones inmediatas en todo lo que hacemos. Con esta actitud, es fácil comenzar a juzgar a nuestra familia y amigos según los sentimientos o experiencias que nos produzcan. Esto trae tensión y estrés incalculables donde debía haber alegría y aceptación.

Olvidamos que, a pesar de que suelen necesitar trabajo y esfuerzo, la familia y la vida son *dones*, no trabajos. Nunca nos cansamos de alcanzar un don, porque el don nos da un gozo *especial* y *extraordinario*. Un don es gratis; no puede ganarse.

Y así, hay muchas tareas nuevas ante ustedes mientras se preparan para el nacimiento de su hijo. Lo más probable es que hayan comenzado a hacer listas de todos los deberes y responsabilidades importantes que enfrentan ahora. La familia y los amigos cercanos están deseosos de ayudar. Mientras todo esto sucede, recuerden que ustedes están invitados a *profundizar su vida en diferentes niveles*. ¡Están trayendo nueva vida al mundo y muchas personas se alegran y desean celebrar con ustedes este momento de gozo!

Por supuesto que la noticia del don de su hijo es un momento muy personal, pero no es un momento privado. Es un momento público: un momento que su familia, su familia parroquial, la Iglesia entera y toda la sociedad quieren compartir y celebrar calurosamente con ustedes. El gozo crece y se profundiza cuando es compartido. Es probable que las personas actúen de manera diferente a su alrededor. Puede que dediquen más tiempo a acompañarlos o ayudarlos con diversas cosas. Esto es porque la presencia de su criatura en el vientre materno y su gozo en este momento son una *señal* para muchas personas, una señal de esperanza y nueva vida. El mundo *necesita* y es atraído por esta hermosa señal de esperanza y vida.

Cada don, de alguna manera, es además una invitación. Así, el don de su hijo también es una invitación.

Su hijo ya les está haciendo una invitación. Los está invitando a ver el significado de la vida de una manera nueva. La concepción de un hijo es un llamado a la nueva responsabilidad de ser mamá o papá: aceptar su vocación como madre y padre cristianos "en el deber de educar y transmitir la fe cristiana desde el comienzo de la vida humana"1. La vocación especial de ustedes como padres significa que tienen una misión especial: la misión principal que han recibido de Dios es compartir su fe con su hijo.

SHUTTERSTOCK

A veces, los padres de hoy en día retrasan el bautismo de su hijo. Muchas veces esta es una decisión casi inconsciente y, de hecho, resulta ser una especie de "indecisión". Tal vez tienen miedo o vergüenza de acercarse a la Iglesia porque han estado alejados de la práctica de su fe. O tal vez están tan ocupados que le dan prioridad a otras cosas, y nunca organizan el bautismo. Luego, cuando piensan en acercarse a un sacerdote para el bautismo, se sienten cohibidos porque para entonces su hijo ya es mayor. Sin importar las razones que los retengan, por favor consideren bautizar a su hijo. Es precisamente por esto que Jesús, en y a través de Su Iglesia, *anhela alcanzarlos con profundo afecto y bondad*. Nada puede separarnos del amor de Jesucristo por Su pueblo, ofrecido con entusiasmo en y a través de Su Iglesia. *Dios nunca se cansa* de buscarnos para renovar Su vida dentro de nosotros. Su vocación de ser una mamá y un papá cristianos es demasiado importante para que nada se interponga.

A través de ustedes, su hijo también les hace una invitación a sus compañeros feligreses. Ellos se unen con ustedes en el gozo y la expectativa por el nacimiento de su hijo. Hoy es el día de dirigirse al párroco y comenzar a compartir la gran invitación que ya se está formando en el centro de su vida. La manera primordial de hacerlo es unirse a la Iglesia en la celebración del Rito de bendición de una criatura en el vientre materno. Hoy es el día para ser como la Bienaventurada Madre y proceder a compartir la buena nueva de la vida y el amor de Dios con quienes anhelan asistirlos en su vocación y en su misión. Hoy es el día para compartir su asombro y su admiración ante la nueva creación de Dios: el don de su hijo.

---

1 Sínodo de los Obispos, XIII Asamblea General Ordinaria: "La nueva evangelización para la transmisión de la fe cristiana", *Instrumentum Laboris* (Ciudad del Vaticano: 2012), 111.

Preguntas de reflexión personal o para comentar

1) Piensen cómo se siente cuando ustedes o un ser querido esperan un hijo. ¿Cómo pueden mantener vivos estos sentimientos de admiración y asombro en su vida diaria?

2) Los sentimientos de asombro y gozo son naturales y saludables, pero algunas personas pueden sentirse abrumadas con los preparativos necesarios para esperar un bebé. Aunque algunas actividades son muy importantes durante el embarazo, ¿cómo puede alguien que espera un hijo evitar que las ocupaciones impidan ver el significado más profundo de una nueva vida?

3) ¿Qué imágenes les vienen a la mente cuando piensan en la vocación y en la misión de ser madre y padre cristianos?

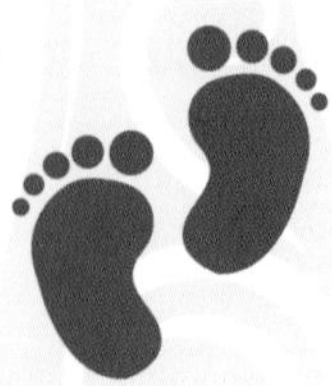

SHUTTERSTOCK

Capítulo Dos

La bendición

En el primer capítulo comentamos la presencia de Jesús en el vientre de la Bienaventurada Madre, que es lo primero que el Evangelio nos dice acerca de Jesús. Lo último que Jesús hace en el Evangelio antes de ascender a Su Padre después de la Resurrección es bendecir a su Iglesia (vea Lucas 24, 50). Las bendiciones son importantes. A través de la Biblia, las bendiciones ponen de manifiesto la generosidad de Dios. Lo primero que Dios hace después de crear al hombre y la mujer es bendecirlos. Esta primera bendición también es un llamado, una convocatoria: "Sean fecundos y multiplíquense. Llenen la tierra y sométanla" (Génesis 1, 28). Una bendición, por lo tanto, nunca se guarda para uno mismo. Es un momento sagrado en el que Dios designa a una persona y la reserva para un propósito y dones especiales de Dios.

DesignPics

Una bendición es también un recordatorio de que, en definitiva, los dones buenos y abundantes que hemos recibido vienen de Dios. En la Biblia, Dios le promete a Su pueblo las bendiciones de la vida (vea Génesis 27, 28), fuerza (Génesis 27, 29; 49, 8), tierras (Génesis 27, 28; 27, 39; 49, 9) e hijos (Génesis 15, 5; 48, 16; 49, 8). Dios es siempre generoso, aun cuando en momentos de dificultades, como los que Job vivió en el Antiguo Testamento (Job 1-2), puede hacerse muy difícil comprender sus caminos. Como se observa en la introducción, es posible que algunos lectores hayan pasado por la dolorosa experiencia de perder un hijo o de no poder concebir. Tal vez algunos estén pasando ahora por un embarazo difícil. Estas experiencias son difíciles de entender y pueden traer mucho sufrimiento. En la fe y la confianza, sabemos que la gracia y la misericordia de Dios nos acompañan a través de estas dificultades, aunque no haya respuestas claras. Nuestro Señor Jesús nos mostró esta confianza en el Padre, especialmente en la Cruz. Aún en los momentos de aflicción, Dios está cerca de nosotros. Él los sostiene amorosamente a ustedes y a su hijo cerca de Su Sagrado Corazón.

Una bendición no es magia. No es superstición. Por sobre todo, una bendición de Dios no es solo una ceremonia ocasional, sino que enfatiza una relación infinita que se renueva cada día.

Una bendición *descubre* y evidencia el don de Dios en este momento presente. Una bendición no cesa de señalar y recordarnos algo. Una bendición no nos recuerda algo de manera nostálgica, sino de una forma que realmente hace presente la acción de Dios en nuestra vida hoy, aquí y ahora. Una bendición nos recuerda lo más importante en la vida. Nos recuerda *vivir una vida santa*, una vida unida a Dios por medio de Su santa alianza con nosotros cumplida en Su único Hijo, el Señor Jesucristo.

Por eso se da una bendición, para santificarnos o hacernos santos: *la bendición pone a Dios en el centro* de la vida de quien es bendecido. Por lo tanto, quien es bendecido *se convierte entonces en una señal* para fortalecer a los demás en el viaje más importante que haremos jamás: la búsqueda de Dios y el viaje hacia Él. La bendición no empieza o termina con nosotros. Empieza en Dios y nos lleva de regreso a Dios. La recibimos *para los demás*, para la sociedad y la Iglesia. Quien recibe una bendición también recibe, al mismo tiempo, un llamado y una convocatoria, una vocación. Esa persona se convierte entonces en un gran *recordatorio de Dios* para todos. Una bendición nos lleva de regreso a Dios; en especial, a adorar a Dios, asistiendo a Misa cada domingo, recibiendo el Sacramento de la Penitencia con regularidad y a través de la oración diaria. En pocas palabras, una bendición va en dos direcciones. Primero, la generosa acción de Dios desciende sobre nosotros y segundo, nuestro agradecimiento y devoción se elevan a Dios.

El Rito de bendición de una criatura en el vientre materno es una parte importante de su vida de fe como mamá y papá. La bendición es una oportunidad para que compartan el don de la nueva vida y la invitación a maravillarse ante esta nueva vida. Aunque la realidad de una bendición es verdaderamente compleja, organizarla puede ser muy sencillo. Por lo general, una bendición consiste en palabras y gestos que se pronuncian sobre la persona a bendecir. El orden y la secuencia de estas palabras y gestos especiales se llama un "rito". Si una madre y un padre que esperan un hijo deciden que quieren hacer planes para que la criatura en el vientre materno reciba la bendición, el primer paso es dirigirse al párroco y hacer una cita para discutir los preparativos y la organización de los detalles de la celebración de la bendición. Como comentamos, la ceremonia misma de la bendición puede ser tan reservada o tan pública como la madre y el padre lo deseen. Se puede organizar la bendición para se realice durante la celebración de la Misa o fuera de la celebración de la Misa. Pueden invitar a la familia, los amigos y los vecinos; de hecho, cualquier feligrés o persona de buena voluntad. Y se puede realizar en la Iglesia o, por razones pastorales específicas, en otro lugar apropiado.

Shutterstock

Qué apropiada es una bendición en este momento de esperanza y emoción. Nos da una valiosa oportunidad de recibir apoyo y oraciones. Por supuesto, así como hay una preparación externa para la bendición, también hay una preparación interna. Este es un tiempo maravilloso para que, como padres, empiecen a orar con mayor frecuencia y para que, si no lo estaban haciendo hasta ahora, asistan cada semana a la celebración dominical de la Eucaristía. Dios desea compartir las profundidades de Su misterio con ustedes. Él quiere bendecirlos.

Este rito está contenido en un pequeño libro titulado *Rito de bendición de una criatura en el vientre materno*. Cuando llega el momento de la bendición, después de que todo está preparado y organizado, por lo general el sacerdote o diácono reúne a los presentes, hace la Señal de la Cruz, ofrece un saludo e invita a todos a orar. Después de una lectura de la Sagrada Escritura, es típico que el celebrante invite a la madre a acercarse, junto con el padre o incluso, si es adecuado, con algún otro miembro de la familia. Luego, él extiende sus manos en un gesto de bendición y dice estas palabras:

Dios, autor de toda vida,
te pedimos que bendigas a este niño aún por nacer;
dale una constante protección
y un saludable nacimiento,
como signo de nuestro renacimiento, un día,
al gozo de la vida eterna en el cielo.

Señor, que has concedido a esta mujer
el gran gozo de la maternidad,
concédele serenidad en sus preocupaciones
y dale decisión para guiar a su hijo
por los caminos de la salvación.

Bendición del padre:

Señor de todos los tiempos,
que has escogido a este hombre
para experimentar el don y el honor de la paternidad,
dale fortaleza en esta nueva responsabilidad
para que sea ejemplo de justicia y verdad para su hijo.

Bendición de la familia:

Señor, derrama sobre esta familia
un amor sincero y constante,
para que se preparen a recibir a este niño entre ellos.

Señor, que has puesto en el corazón de todos los
hombres y mujeres de buena voluntad
un gran respeto y admiración por el regalo de una nueva vida,
haz que esta comunidad (parroquia),
fiel a las enseñanzas del Evangelio,
participe en la educación espiritual de este niño, en Cristo, nuestro Salvador.
Que vive y reina por los siglos de los siglos.

Amén.

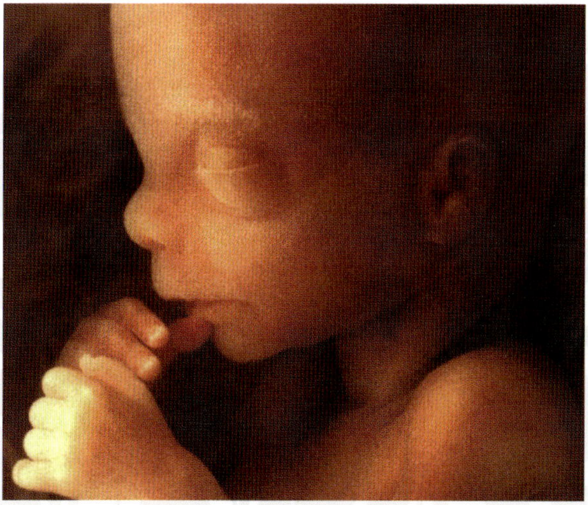

BrandX

Esas son las poderosas palabras que marcan la bendición especial para la criatura en el vientre materno. Estas palabras hacen descender real y verdaderamente la acción de Dios para bendecir a la criatura en el momento de la bendición. Dios, a través de su Iglesia, *comienza* algo con esta bendición. Dios empieza a acercarse aún más a la criatura en el vientre materno, a su madre, su padre y su familia, y a la parroquia entera.

Shutterstock

El Rito de bendición de una criatura en el vientre materno no es lo mismo que el Sacramento del Bautismo. Si bien la Bendición de una criatura en el vientre materno puede ser el primer paso en la preparación para el bautismo de su hijo, es un momento aparte y previo al bautismo. La bendición *no puede* sustituir el bautismo en modo alguno; por el contrario, la bendición *apunta hacia* y comienza a prepararnos para el Sacramento del Bautismo. Es muy importante que durante el embarazo comiencen a prepararse para el bautismo de su hijo, en el cual se unirá a Jesucristo en su muerte salvadora y gloriosa resurrección, le será perdonado el pecado original y se convertirá en un miembro de la Iglesia. El bautismo es el pórtico a la vida en el Espíritu Santo, por el cual somos fortalecidos para vivir una vida de gracia y virtud. El bautismo de su hijo tiene su propio tiempo especial de preparación, que en EE. UU. suele llamarse *Pre-Jordán*, y es algo que el párroco puede explicarles con más detalle.

Preguntas de reflexión personal o para comentar

1) ¿Qué bendiciones ha compartido Dios con ustedes en su vida?

2) La próxima vez que oren, imagínense hablando con María mientras ella va "sin más demora" a visitar a su prima Isabel y comparte su buena nueva. ¿Qué le dirían a María? ¿Qué quisieran que María les dijera?

3) ¿Cuál fue la palabra o la frase en la oración de bendición (el texto en negritas de las páginas 20 y 21) que más les habló al corazón?

SHUTTERSTOCK

Capítulo Tres

La parroquia

El compromiso de seguir a Cristo requiere de un valor extraordinario. En nuestro mundo actual hay mucha violencia y adversidad. No es fácil seguir al Señor Jesús. Necesitamos Su fortaleza para ser Sus discípulos. Cada bendición que recibimos nos da fuerzas para seguir al Señor. El Rito de bendición de una criatura en el vientre materno, al tiempo que brinda abundantes riquezas a la criatura y a su madre y padre, es también, como lo comentamos, una señal para los demás. La bendición es un momento de evangelización, de proclamación del Evangelio de Jesús dentro de la vida y el ritmo de toda la comunidad parroquial. Es por esto que el momento de la nueva evangelización es enriquecido con la celebración de la bendición durante la celebración de la sagrada Eucaristía. La celebración de la bendición, quizá en tres o cuatro ocasiones diferentes a lo largo de un año litúrgico dado, es una manera cálida de llegar a la madre y a su familia, y es un tiempo fructífero para invitar a la familia a la preparación bautismal. La bendición abre, y puede abrir de nuevo, las "puertas de la fe" (Hechos 14, 27).

El don de su hijo ya ha comenzado a transformar su vida. Probablemente ya han comenzado a "dejar atrás" viejas costumbres —tal vez ahora tienen el descanso que necesitan, ahorran financieramente para el futuro, comen más saludablemente— e incluso quizá están rezando más, pidiéndole a Dios que los proteja a ustedes, a su criatura y a su familia. El don siempre anhela compartirse más allá. Aunque, como comentamos, la bendición puede realizarse en privado o solo con unas cuantas personas presentes, celebrar la bendición de la criatura en el vientre materno en medio de la Misa dominical puede transformar realmente a quienes están presentes y tienen el privilegio de compartir este momento de nueva vida y gozo.

La bendición de una criatura en el vientre materno une a la parroquia. Los adultos enfrentan muchos temores y dificultades en el mundo. No hablamos mucho de eso, pero a pesar de toda nuestra sofisticación, es fácil y frecuente que nos sintamos desconcertados y angustiados. Sin importar lo evolucionados que nos consideremos, es fácil que nuestra vida se encuentre con momentos de dolor y confusión, a veces por largos períodos. La respuesta se encuentra en el Señor Jesús mismo.

WITTMAN

Jesús nos dice muy claramente: "el que recibe en mi nombre a un niño como éste, a mí me recibe" (Mateo 18, 5). Como siempre, las palabras sencillas de Jesús tienen un significado profundo. Jesús conoce bien la fragilidad, la necesidad y la inocencia de un niño. Él conoce especialmente bien la indefensa vulnerabilidad y la extrema dependencia de la criatura en el vientre. No obstante, el Señor considera los meses en el vientre como un tiempo precioso y privilegiado de Su propio amor, inmediato e irrevocable, por la criatura: "Antes de formarte en el seno de tu madre, ya te conocía; antes de que tú nacieras, yo te consagré" (Jeremías 1, 5).

El Señor simplemente insiste en que debemos convertirnos en niños pequeños para entrar en el reino de los cielos (vea Marcos 10, 15). El Espíritu Santo desea ayudarnos, como hijos de Dios, a gritar: "Abbá, Papá!" (Romanos 8, 15; Gálatas 4, 6). "Abbá" es la palabra especial pronunciada por Jesús (Marcos 14, 36). Es la palabra del hijo para el Padre. Solo con la fortaleza y la confianza que vienen del Señor podemos realmente enfrentar las dificultades de la vida diaria. El Rito de bendición de una criatura en el vientre materno es un gran don para toda la parroquia porque la criatura nos recuerda siempre al Señor Jesús y Su amor por nosotros. La bendición de la criatura nos recuerda a todos, sin importar la edad que tengamos, que debemos siempre convertirnos en niños ante Dios y confiarnos a Su misericordia salvadora.

SHUTTERSTOCK

Preguntas de reflexión personal o para comentar

1) ¿Cuál es la fortaleza particular que necesitan ahora mismo en su vida para ser capaces de seguir más de cerca al Señor? ¿Cómo los apoya su comunidad parroquial en su camino junto al Señor?

2) ¿Cuál sería una buen razón para realizar el Rito de bendición de una criatura en el vientre materno durante la Misa dominical?

3) ¿Qué quiere decir Jesús cuando dice: "el que recibe en mi nombre a un niño como éste, a mí me recibe" (Mateo 18, 5)?

SHUTTERSTOCK

CAPÍTULO CUATRO

La sociedad

La celebración de la bendición de una criatura en el vientre materno es un momento profundamente personal, pero no es privado. El amor que sienten por su hijo es importante. No solo la parroquia necesita experimentar la bendición de este amor; el mundo también lo necesita. De hecho, el mundo tiene una necesidad dolorosa de comprender de una manera nueva el gran don de la vida humana. El mundo moderno que nos rodea se mueve con mucha rapidez. Es fácil olvidar la belleza y la admiración por la creación de Dios y el don de la nueva vida.

Existen muchas presiones que debemos enfrentar a diario. Puede que el trabajo o la universidad sean muy estresantes. Estar desempleados es estar aún más cargados de ansiedad. Incluso nuestra vida doméstica puede ser impredecible y frenética. Cuanto más busquemos el progreso, mayor presión encontraremos. Mientras estamos detenidos por el tráfico, luchamos para pagar nuestras cuentas o nos mezclamos con la gente en un centro comercial atestado, el milagro y la maravilla natural de un hijo pueden parecer como algo muy lejano. La esperanza puede parecer muy lejana. Podemos olvidar la importancia de la nueva vida.

Una criatura brinda esperanza cercana. La sociedad necesita a la criatura. Una criatura nos recuerda la inmensidad profunda del amor. Una criatura nos ayuda, a cada uno de nosotros y al mundo que nos rodea, a ser como niños.

SHUTTERSTOCK

El niño confía en el amor y la seguridad que le dan su padre y su madre. El niño vive en el mismo mundo estresante de los adultos y, sin embargo, el niño ve que el mundo está lleno de posibilidades radicales de gozo, imaginación y amor. El niño tiene la misión especial de ayudar a los adultos a recapturar el espíritu infantil en medio de nuestras responsabilidades diarias.

Hay otro gran regalo que esta bendición le confiere no solo a la criatura sino al mundo entero. La bendición de la criatura en el vientre materno le recuerda a la sociedad que debe recibir, y nunca rechazar, a una criatura en el vientre materno. La bendición es también un testimonio de la dignidad intrínseca de la vida humana desde el primer momento de la concepción hasta la muerte natural. La bendición puede darle a la sociedad un nuevo comienzo en el camino del respeto y la reverencia por el don de la vida.

Preguntas de reflexión personal o para comentar

1) ¿Por qué razón una criatura brinda esperanza?

2) ¿Cuáles son las presiones diarias que pueden impedirnos ver los dones de Dios que nos rodean, especialmente el don de la nueva vida humana?

3) ¿Qué significaría para la sociedad tener reverencia por toda vida humana?